IMPROVÁVEL
mas escolhido

Improvável, mas escolhido
1ª edição: 2020
Marcos Mendes

Edição e Revisão Final: **Grace Lagares**
Capa, Diagramação e Projeto Gráfico: **Marcus Vinicius P. de A. Goes**
Coordenação: **Nilce Sousa**

Publicado no Brasil por: **Cevi Produções**
CNPJ 07.856.521/0001-94
Fone: (64) 3453-1246
Rua 21, Quadra 19, Lote 16, Jardim Paraíso II, Caldas Novas (GO).
CEP: 75.691-708

ceviproducoes@gmail.com

M538i Mendes, Marcos
    Improvável, mas escolhido / Marcos Mendes; edição e revisão final: Grace Lagares; capa, diagramação e projeto gráfico: Marcus Goes; coordenação: Nilce Sousa. – 1. ed. – Caldas Novas-GO ; CEVI, 2020.
    96 p.

    ISBN: 978-85-5705-056-3

    1. Pastores brasileiros – Narrativas pessoais. 2. Testemunhos (Cristianismo). 3. Drogas – Reabilitação. 4. Fé. 5. Superação. 6. Autobiografia. I. Título.

                            CDU: 920.91

Catalogação na publicação por: Onélia Silva Guimarães CRB-14/071

Contato do Autor:
Facebook: Marcos Mendes Claudia Viviane
Instagram: @marcosmarrom91
E-mail: marcosmarrom91@hotmail.com
Fone: (62) 9 8577-3648
Fone CRVN: (62) 3264-8832

Sobre o Autor

Marcos Mendes é ministro de louvor e vice-pastor em sua igreja local. Também é acadêmico de Serviço Social, professor de música e diretor da Comunidade Terapêutica Vida Nova (CRVN), lugar onde viveu a maior virada em sua vida. Marcos é casado com Cláudia Viviane e pai de três filhos: Maikon, Mariana e Hadassa. Natural de Londrina-PR, atualmente vive em Goiânia-GO, cidade que o acolheu e o proporcionou um novo vislumbre do futuro.

Dedicatória

Dedico este livro a todos que estão passando, ou já passaram, pelas dificuldades da dependência química.

Aos familiares e amigos dessas pessoas, que também sofrem os efeitos do vício.

Aos meus companheiros e amigos de trabalho, que arduamente têm se empenhado pela recuperação de outras vidas.

Que vocês sejam incentivados a perseverarem e a nunca desistirem.

Que o meu testemunho de cura e libertação seja um instrumento de edificação a todos.

Agradeço, primeiramente, a Deus, que reescreveu minha história e fez com que o meu testemunho se transformasse neste material. Tenho fé que este livro será uma gota de consolo a muitos corações.

A minha esposa Cláudia, uma mulher incrível, um verdadeiro presente do céu. Minha história não seria a mesma sem ela. Deus, sabendo disso, a colocou em meu caminho. Que bom dividir todos os meus dias e noites com você, meu amor!

Aos meus pastores: Eleusa Nascimento, uma mulher extraordinária, com um grande coração de mãe, que adotou não só a mim, mas a todos que cruzaram sua caminhada cristã; Costa Junior, um exemplo a ser seguido, com um ministério enorme e de nível internacional, mas que não perdeu o amor e entrega a todos os necessitados; Karlyle Oliveira, meu discipulador pessoal, a quem eu segui para me tornar o adorador e pregador da

Palavra que sou hoje. Obrigado!

Agradeço ao Pr. Hélio Macario e família, Rodrigo Alves e todos os líderes da IBVN Church. Vocês foram fundamentais em minha recuperação e crescimento ministerial.

Agradeço a Deus pela oportunidade de ter convivido com o saudoso Pr. Ernesto Eichler, que foi meu companheiro de trabalho e me ensinou muito sobre fé, caráter, integridade e temor.

Agradeço aos meus filhos, Maikon, Mariana e Hadassa, joias preciosas e fundamentais para que eu não desistisse e nem olhasse para trás.

Agradeço, também, a pastora Nilce Sousa e a toda equipe editorial, pelo empenho e determinação para que este material chegasse às mãos daqueles que Deus deseja alcançar. Obrigado por fazerem meu sonho se tornar realidade.

Para mim, prefaciar este livro tem um significado muito especial. Primeiro, por ter acompanhado todo o processo de libertação e transformação da vida do Pr. Marcos – sua chegada à Comunidade Terapêutica Vida Nova (CRVN), seus primeiros passos em direção à cura, sua dedicação como obreiro auxiliar, nos ajudando a dirigir os veículos da instituição, e seu crescimento até se tornar o diretor do CRVN.

Em segundo lugar, é uma alegria falar sobre sua dedicação e carinho na condução daquele lugar, que fazem com que todos os que estão passando pelo mesmo processo que ele passou, se sintam acolhidos e esperançosos de que o mesmo Deus que o transformou, também é capaz de mudar a vida de qualquer um. Marcos é incansável e não se atreve a desistir de ninguém; sou honrado por ser o seu pastor, discipulador e amigo.

Este livro será uma injeção de fé para você, que se considera um improvável, e também para você, que tem gastado sua vida no ministério, assim como o Pr. Marcos. Vale a pena! Nas páginas que se seguem, você conhecerá um pouco mais do poder de um Deus transformador, que escolheu

"as coisas fracas deste mundo para confundir as fortes [...] as coisas vis deste mundo, e as desprezíveis, e as que não são para aniquilar as que são; para que nenhuma carne se glorie perante ele" (1 Coríntios 1.27-29).

Seja inspirado e fortalecido por este testemunho.
Deus abençoe a todos!

Karlyle Oliveira
Pastor da IBVN Church

Palavras de um companheiro ministerial

"Deus tira o pobre do lixo e o faz assentar entre os grandes da terra" (I Samuel 2.8).

É incrível testemunhar o milagre de alguém que estava morto, sem perspectiva alguma, sem sonhos e sem futuro, e que depois de uma decisão e um tempo de preparo, se transformou em um "agente de mudança", um referencial que já influenciou a vida de centenas de outras pessoas que, como ele, estavam aprisionadas em um lugar de escuridão e desesperança.

É exatamente isso que presenciamos na vida do Pr. Marcos, como aquele homem de Gadara – um excluído, evitado pelos amigos e parentes, um perigo à sociedade – mas que depois do encontro com o Senhor Jesus, se transformou em um missionário que carregava uma mensagem capaz de transformar a vida da pior pessoa, uma boa notícia de que nem tudo está perdido e que ainda há esperança.

A mudança que o Senhor operou na vida deste homem nos inspira e nos incentiva a acreditar que ninguém é um caso perdido; seu testemunho é algo tão forte que tem impactado aqueles que têm oportunidade de ouvi-lo.

O amor que ele demonstra por aqueles que nem mesmo a família acredita, e a capacidade de dar uma segunda chance àquele que errou, fazem dele uma pessoa que todos querem por perto. Agradeço a Deus pelo privilégio de tê-lo ao nosso lado, como companheiro neste ministério, para resgatar vidas do vício e levá-las à liberdade em Cristo Jesus.

Costa Júnior
Pastor Presidente da IBVN Church

Palavras de uma mãe

Marquinho, você e o pastor Ernesto tiveram uma jornada grande e especial. O seu crescimento espiritual, e em todas as áreas, foi acompanhado de perto e debaixo de muita oração e amor por ele.

O Pr. Ernesto só pegava no pé de quem ele realmente gostava, essa era sua demonstração de carinho. Por isso, tenho certeza de que você era como um filho para ele!

Agradeço pela sua paciência e reciprocidade. Que orgulho ver que você passou de interno para diretor do lugar onde foi liberto. Você sempre será admirado por mim e por meus filhos.

Com amor,
Irene de Fátima Telles Eichler

Memórias do coração

Ao observar o Marcos tocando seus instrumentos na igreja, minha mãe disse: "Ele é o homem que Deus escolheu para você". Eu a repreendi no mesmo instante e evitei tocar no assunto novamente. Repensar na possibilidade mais tarde foi inevitável, afinal, era minha mãe falando.

No entanto, na mesma época, eu estava em um propósito de oração com outro rapaz, mas não faltaram palavras de pessoas ao meu redor me aconselhando a desistir dele. Incomodada, terminei aquele início de relacionamento por telefone. Entendi que não valia a pena rejeitar a opinião de pessoas que me amavam e só queriam o meu bem.

Certo dia, eu estava conversando na portaria da igreja com um amigo, quando o Marcos se aproximou e nos cumprimentou. "Cláudia, esse jovem gosta de você", disse meu amigo sorrindo. "Até você?", brinquei, evitando que aquele assunto se estendesse.

Todavia, comecei a observá-lo com mais atenção. Eu já o admirava por ser um adorador verdadeiro, mas percebi que nossa aproximação testificava no coração de algumas pessoas ao nosso redor e isso significou muito para mim. Iniciamos nossas conversas via celular e logo depois estávamos orando no monte juntos. Levamos algumas broncas por sairmos sozinhos, mas, até então, não tínhamos conversado nada sobre relacionamento.

De maneira natural, começamos a orar sobre aquele sentimento que surgia. Houve reações negativas, por ele ser ex-dependente químico, embora minha família apoiasse. Eu entendia a preocupação de alguns, porque havia casos de internos que voltavam à velha vida e faziam com que suas companheiras sofressem muito.

Mas, a postura dele diante de diversas situações ganhou a confiança das pessoas, fazendo-as acreditar em sua recuperação. Orávamos muito pedindo confirmação de Deus, e os sinais foram surgindo, um após o outro.

Houve uma vez que terminamos o nosso noivado por 24 horas, o suficiente para que eu me angustiasse muito. Meu irmão, pastor, que estava passando uns dias com sua esposa em minha casa, me aconselhou a parar de sofrer, porque "talvez aquilo não fosse dar certo mesmo". Cerca de 20 minutos depois, ele voltou e me disse:

— Cláudia, fui orar depois que falei com você e acho que nunca ouvi Deus falando tão claramente comigo. Ele manda lhe dizer que é a vontade Dele que você passe por cima do seu orgulho e ainda hoje vá procurar o Marcos.

Também gostaria de lhe pedir perdão pelo meu preconceito, eu estava errado!

Por ele ser muito sério e firme, tive a certeza de que aquela palavra vinha do Pai. Fui para igreja e minha pastora falou exatamente a mesma coisa que meu irmão. Ela confessou que, no início, era contra, mas o Senhor havia falado com ela sobre isso.

Não havia dúvidas em meu coração. Voltei para casa e já tarde da noite liguei para ele e pedi que conversássemos pessoalmente. Meu pai, militar e bravo, não permitiria aquele encontro, mas meu irmão, entendendo a situação, deu-me cobertura e eu pude resolver o conflito. Reatamos o noivado e um mês depois estávamos no altar.

"Nada" é a palavra que explica o que tínhamos naquela época. Ele recebia somente R$ 300,00 e eu também ganhava pouco. Quando marcamos o casamento no cartório, não tínhamos sequer um garfo. Milagrosamente, meu pai recebeu uma quantia em dinheiro, faltando 20 dias para o casamento, e nos deu para pagar a festa e o meu vestido de noiva. Uau, foram tantas emoções em um curto espaço de tempo!

Faltando 10 dias, até as pessoas que se diziam contra, começaram a me ligar para nos presentear com os móveis da casa. E, há uma semana antes do casamento, o milagre foi completo, minha casa estava toda mobiliada! Mas, acredito que o milagre maior foram os pedidos de perdão daqueles que não concordavam. Deus falou ao coração de cada um e houve uma reconciliação genuína.

Nosso ministério só cresceu desde então. Hoje somos pastores na igreja sede de nossa denominação, sempre servindo quando precisam de nós. Somos alegres pais de filhos naturais e espirituais, somando um com o outro em todas as áreas da nossa vida.

Cláudia Viviane Leão Teles da Silva
Esposa e companheira de ministério

"Não me escolhestes vós a mim, mas eu vos escolhi a vós, e vos nomeei, para que vades e deis fruto, e o vosso fruto permaneça, a fim de que tudo quanto em meu nome pedirdes ao Pai ele vos conceda."
João 15.16

SUMÁRIO

INTRODUÇÃO

Confesso que não foi fácil dar início a este livro, devido às lembranças ruins que vieram com toda força. Memórias adormecidas agora estariam vivas, mas, com um propósito eterno – levar os leitores a entenderem como trabalha a mente de quem não conhece a Deus. Mateus 22.29 afirma: *"Errais, não conhecendo as Escrituras nem o poder de Deus"*. Assim era eu, uma alma vazia de entendimento sobre a realidade espiritual que me cercava.

Todas as experiências relatadas aqui são verdadeiras e sinceras, a fim de edificar aqueles que estão vivendo hoje o que eu consegui vencer no passado. Tenho ciência que o mais provável para mim era dar errado, ser uma vergonha para minha família, morrer sem salvação. Mas Jesus me encontrou e, mesmo não estando preparado para receber tamanho favor, Ele me capacitou para trilhar um novo caminho.

Tive o privilégio, e ainda tenho, de encontrar pessoas com o real dom da compaixão, que tiveram maturidade e paciência para lidar com a minha situação. Meus mentores e discipuladores revelaram o coração do Pai para mim e, sem eles, talvez eu ainda estivesse vivendo de maneira infeliz. Minha esposa veio logo após esse processo de transformação, uma mulher incrível que suportou comigo muita ansiedade e tempos difíceis. Realmente Deus me ama por ter me entregado o coração da Cláudia!

Antes de conhecê-la, eu já tinha dois filhos, o Maikon e a Mariana. Depois de casados, tivemos a Hadassa Vitória para completar a alegria da nossa família. Nossa missão é gerar neles o desejo de servir a Deus como sacerdotes na Terra, para que eles tragam os princípios do céu para esta geração, tão carente de referências verdadeiramente cristãs.

Hoje, minha satisfação está em trabalhar na Comunidade Terapêutica Vida Nova, que acolhe mais de 40 homens, com idade entre 18 a 60 anos, em recuperação da dependência química. Aprendo todos os dias com suas histórias e afirmo que cada uma delas também daria um livro. Tenho convicção que estou no lugar certo, pois, a paz que sinto ao estar ali excede o entendimento, ainda que, para muitos, o trabalho seja pesado demais.

Ali, esses obreiros em treinamento passam nove meses, o tempo de uma gestação, por isso são como filhos para nós. Ao conhecerem Jesus, eles nascem de novo. Com os cursos profissionalizantes, eles são reinseridos na sociedade nas áreas de informática, jardinagem, serralheria, marcenaria e esporte. Temos doadores e mantenedores, pessoas de bom coração levantadas por Deus para nos ajudar nessa jornada.

Vejo entre eles muitos improváveis, como eu, que estão tendo uma segunda chance na vida. Sabemos que cabe somente a eles escolherem o que irão fazer com essa oportunidade. Eu fiz a escolha de seguir o caminho que Deus estava me mostrando, mas, nem todos agem assim. Muitos desistem ou retrocedem, por acharem-se incapazes de vencer.

Mas tudo é possível para aqueles que mantêm a sua esperança em Jesus Cristo! Que você, familiar, amigo ou aquele que está lutando contra algum vício, permaneça firme. Você não está sozinho, creio que o Senhor irá trazer pessoas com sabedoria suficiente para ajudá-lo nessa jornada de libertação. O Espírito Santo também sempre estará por perto lhe dando coragem e ousadia para todas as batalhas diárias!

Seu servo,
Marcos Mendes

Oh meu Deus, como eu te amo, que desça em mim o seu Espírito Santo
Bens materiais é alegria de momento
O amor de Deus é a todo tempo
Com Jesus no seu caminho, você nunca está sozinho
Com Jesus no coração, você perdoa seu irmão

Letra da música "Com Jesus no Caminho", de Marcos Mendes

PORTA DE ENTRADA

Na minha adolescência, ainda nos tempos de escola, me apaixonei por uma moça que me apresentou a um grupo de amigos que se reunia no fim da aula para fumar maconha. Lembro-me que aquele cigarro ia lentamente passando de mão em mão, até chegar à minha vez. Ali, naquela pracinha da cidade, não pensei duas vezes antes de ter aquela experiência, afinal, eu queria causar uma boa impressão àquela garota.

Sentimentos de leveza e felicidade; risos espontâneos, perda da noção de tempo e espaço; conversas desconexas – se aquele momento fosse filmado ou fotografado, era exatamente isso que seria retratado. Aparentemente não estávamos fazendo nada de inofensivo, nem a nós mesmos, nem aos outros. Mas, os efeitos do uso dessa droga cobrariam um preço altíssimo no futuro. Por isso, aproveito o momento para dizer que me coloco contra a legalização da maconha, pois ela é a porta de entrada para outras drogas pesadas.

Um abismo chama outro abismo, ao ruído das tuas catadupas; todas as tuas ondas e vagas têm passado sobre mim.

Salmos 42.7

Aquela garota por quem eu estava apaixonado me ofereceu maconha em outras ocasiões, sob o argumento de que seu uso ajudava nos estudos, e eu, vez após vez, cedia e acabava fumando. Sem perceber que estava ficando dependente, eu também abusava do álcool e outros tipos de tabaco. Como todos os viciados, eu sempre achava que pararia quando quisesse, o que é uma grande ilusão, pois o vício sempre pede algo mais forte para aplacar a solidão e a tristeza que tomam conta de nós após pequenos períodos de abstinência.

Por estar muito envolvido nesse meio e ter muitas amizades, conheci fornecedores e lugares que comercializavam drogas. Ou seja, cada vez mais me envolvia com pessoas que nunca poderiam me ajudar a vencer a dependência. E estávamos todos caminhando para o mesmo abismo em ritmo acelerado.

Com 17 anos comecei a trabalhar em uma casa noturna, onde fui em busca de experimentar algo mais forte. Lembro-me que alguns me incentivavam dizendo: "Use drogas para manter-se acordado", "Você pode beber de tudo que não vai ficar bêbado", "Você pode começar a vender cocaína também".

Deixai-os; são condutores cegos; ora, se um cego guiar outro cego, ambos cairão na cova.
Mateus 15.14

Essas argumentações foram suficientes para mim, pois, comercializando a droga, eu poderia consumir mais e também ganhar dinheiro extra para aproveitar com as meninas e amigos. Mas isso também é um grande delírio porque os gastos são sempre maiores que o lucro, além do risco de ser preso, pois os mais fracos sempre são usados pelas mãos dos mais espertos.

E o que antes era apenas perigo, se tornou em uma tragédia real. Em 1998 fui entregar alguns papelotes de droga e me envolvi em um acidente grave de moto. Estava de carona com um amigo quando, de repente, um carro cruzou na nossa frente e me jogou a 18 metros de distância, onde bati com a cabeça sem capacete no meio-fio. Tive traumatismo craniano e fratura exposta na perna. Fiquei por cinco dias desacordado na UTI, sem ter ideia da gravidade do que tinha acontecido.

Mas, o extraordinário de Deus se fez presente no momento daquele acidente, pois, enquanto eu perdia sangue pela pancada na cabeça, um mendigo se aproximou e enrolou minha cabeça com o cobertor dele, o que ajudou a estancar o ferimento. No outro dia, meu irmão foi até o local dar uma recompensa por ele ter salvado a minha vida e, incrivelmente, nenhum dos moradores daquela região havia visto aquele mendigo. Acredito que era um anjo de Deus me dando uma nova oportunidade na Terra.

A fratura na perna foi a parte mais difícil, pois precisei ficar dois anos com o gesso. Com isso, passei a receber muitos amigos em casa e, principalmente, garotas. Na época, eu morava com o meu pai, um homem que não conhecia a Palavra de Deus, mas era correto em tudo e de bom caráter. Já bastante irritado com aquela situação, ele me expulsou de casa quando ali me encontrou deitado no colo de uma menina.

Fui acolhido por um amigo da família, um pai de santo, e morei por um ano em um terreiro de candomblé. Influenciado pelo ambiente, fiz várias consagrações e pactos com os guias que desciam no local. Após esse período, fui morar com a minha mãe (ela havia se separado do meu pai após 20 anos de casamento) e, através de uma amiga dela, voltei ao centro espírita para buscar a cura, pois aquela fissura na perna por causa do acidente nunca havia cicatrizado.

Aquele lugar era estranho, me causava tremores da cabeça aos pés. Eu não sabia exatamente o que era na época, mas a verdade é que aquelas salas escuras estavam cheias de demônios materializados em formas humanas. Entendo que muitas pessoas buscavam a mesma paz que eu, porém, eu não encontrei e via que elas também não encontravam.

Errais, não conhecendo as Escrituras, nem o poder de Deus.

Mateus 22.29

Não julgo de maneira alguma os que se encontram nesses lugares, os amo de todo meu coração e oro para que todos encontrem a cura verdadeira, para o corpo e alma, que só Cristo pode proporcionar. Creio que rituais de qualquer religião podem trazer alívio momentâneo para algumas dores, mas, a restauração completa só em Jesus!

Uma infância "festiva"

Iniciei este capítulo falando diretamente do meu primeiro contato com as drogas, mas, gostaria de retroceder um pouco mais na minha história para que você entenda a importância de uma infância protegida para o crescimento saudável de um indivíduo. Talvez você, caro leitor, guarde lembranças ruins como eu, mas quero lhe dizer que nada disso precisa determinar o seu destino.

Cresci num ambiente pouco favorável para uma criança, o que me levou a inúmeras escolhas erradas, mas não tiro de mim a responsabilidade por permanecer em uma vida de destruição por tanto tempo. Creio que o Senhor permitiu que eu seguisse por vielas escuras para que o conhecesse de uma forma mais profunda hoje. Nem tudo foi fácil, mas tudo teve um propósito.

Nasci no dia 12 de novembro de 1977, em um sábado, na cidade de Londrina-PR. Meu pai, Clemilton Mendes da Silva e minha mãe, Leonice Alves da Silva, estavam felizes com o nascimento do primogênito, mesmo passando por muitas dificuldades; ele como caminhoneiro e ela como faxineira. Morávamos de favor na casa da minha avó Margarida, e da minha infância humilde e sem regalias, só me lembro com nitidez que mudávamos muito, sempre em busca de um aluguel melhor.

Onze meses após o meu nascimento, minha mãe deu à luz ao meu irmão Edval, conhecido como "Val". Por causa da semelhança e pouca diferença de idade, as pessoas nos tratávamos como gêmeos e nos dávamos muitas roupas iguais. Ele era a minha única companhia, pois meu pai viajava muito e minha mãe trabalhava o dia inteiro. Meu irmão caçula, Aguinaldo, nasceu quando eu já estava com 10 anos.

Mamãe nos mandava todos os domingos pela manhã para assistir à missa, mas não me lembro de nenhuma das vezes ela ter ido junto. Eu e meu irmão gostávamos de ir, pois lá sempre tinham muitas crianças e brincadeiras diferentes. Era algo novo para nós. Sentíamos paz naquele lugar, diferente da nossa casa, onde havia muita briga.

Nossa infância foi marcada por festas de família, ocasiões em que meu pai tocava sua sanfona e pandeiro de forma excepcional. As bebidas e cigarros traziam muita alegria, mas, o final sempre era de confusões. Não tenho lembranças de beijos, abraços ou demonstrações de afeto. Meu pai era violento, batia em minha mãe e, quando estava bêbado, espancava a gente.

Devido à ausência dos meus pais, quase fui para a homossexualidade. Eu, como mais velho, assumi todos os serviços domésticos e, além disso, fui molestado várias vezes por um vizinho homossexual que costumava frequentar nossa casa. Não denunciávamos e nem contávamos para ninguém porque ele nos ameaçava e nos trazia presentes. Por um milagre de Deus, não crescemos revoltados com isso, mesmo sendo crianças inocentes, com 6 e 7 anos de idade.

Minha trajetória na bebida começou nas festas de crianças, quando se comprava um bolo, um fardo de refrigerante, carne e cerveja. Cortava-se o bolo, cantavam-se os parabéns e dispensavam-se as crianças para começar a festa dos adultos. Eu saía de perto, mas bebia escondido. O cigarro veio mais tarde, como já relatado, através de influência de colegas da escola, com a ilusão de que, se fumasse, ficaria mais desinibido com as meninas. Tempos depois, me envolvi com a turma do pagode e me afundei nas drogas.

Aos 16 anos tive meu primeiro filho, Maikon, com minha primeira namorada. Fomos morar juntos na casa dos pais dela, que me acolheram como um da família. Devido a nossa imaturidade, o relacionamento não durou muito e eu voltei a morar com meus pais. Infelizmente, acompanhei à distância o crescimento dele.

Quando olho para trás e lembro-me desses fatos, tenho a convicção fortalecida de que as promessas de Deus para seus escolhidos se cumprirão, ainda que os anos passem, que a história não contribua, que a família não ajude, que as escolhas sejam erradas, que o dinheiro falte, que não haja amigos de verdade... Não importa, Ele faz do nada, tudo!

MOMENTOS DESPERDIÇADOS

Como eu sempre gostei muito de música desde os 12 anos e precisava trabalhar de alguma forma, comecei a tocar instrumentos de percussão em uma banda de pagode, cujo dinheiro ia integralmente para bebidas, drogas e mulheres. Em uma dessas noites, contraí uma Doença Sexualmente Transmissível (DST) e tive que tomar medicamentos dolorosos por um longo período.

Por saber exatamente de quem eu tinha pegado aquela doença, comentei com um amigo e fiquei sabendo que ele também estava com o problema, pois havia ficado com a mesma moça. Hoje, fico pensando como éramos cegos e inconsequentes, a ponto de colocarmos nossa saúde em risco por pequenos momentos. Tudo era ilusão, já dizia o sábio (Eclesiastes 1.2).

Aquela vida de noitadas, festas, bandas e viagens acabou cerca de cinco anos depois. Sem nenhum tipo de formação profissional, fui vender melancias e logo em seguida me envolvi com jogos de bingo. Foi nesse tempo que conheci a mãe da minha primeira filha, com quem vivi por sete anos em uma casa simples, sem escritura e com pouquíssimos móveis.

Entre meus vizinhos, havia um casal usuário de crack; eles me apresentaram a droga e, infelizmente, eu envolvi minha companheira no vício também. Eu já tinha experiência com outros entorpecentes e fui com mais "calma" ao crack, mas ela foi com tudo, por isso, ficou totalmente dependente.

Houve uma vez que estávamos usando a droga na área da nossa casa e, para ter mais tranquilidade, tranquei minha filha de quatro anos para o lado de dentro. Já era quase nove horas da noite e eu sabia que deveria colocá-la para dormir, pois ela estava acostumada a pegar no sono em meus braços. Mas eu não o fiz, me deixei levar pela sensação de bem-estar e euforia que o pó me proporcionava. Quando me dei conta, já era meia-noite!

Abri a porta e encontrei minha filha deitada no chão da sala com duas bonecas nos braços, parecendo representar eu e a mãe dela. Fiquei alguns segundos olhando aquela cena completamente imóvel e triste. Ali, olhei para o céu e pedi a Deus que minha companheira parasse com o crack. É interessante lembrar que, mesmo fazendo tudo errado, eu conseguia ser sensível ao Espírito Santo, Aquele a quem eu não conhecia, mas que gerava angústia em mim e me levava a falar com Deus.

Ele ouviu a minha oração daquela noite e pouco tempo depois, as duas, filha e mãe, foram embora. Eu estava feliz por vê-la livre das drogas, mas não esperava ficar sem minha filha. Na verdade, doía reconhecer que eu era a pior droga para elas e muitas situações só aconteceram por minha culpa. Certamente, minha filha não cresceria bem nos vendo daquela maneira.

Sozinho, me entreguei às drogas como nunca antes. Trabalhando como lavador de carros em uma empresa de telefonia, logo fui demitido, pois descobriram que lá eu estava fumando também. No período em que estava cumprindo aviso, conheci o rapaz que entraria no meu lugar. Ele era cristão e vez ou outra me falava sobre Jesus. Um dia, resolvi atender o convite que ele sempre me fazia e fui à igreja participar do culto.

Lembro-me que quando cheguei à porta do templo, algo me puxava para trás, mas, aquele amigo pegou no meu braço e, usado por Deus, me disse: "Você veio até aqui e vai embora sem a sua benção?". Entrei, assisti o culto e voltei pelas próximas sete quartas-feiras, mas, sem deixar de usar droga.

> *Vinde a mim, todos que estais cansados e oprimidos, e eu vos aliviarei.*
>
> Mateus 11.28

Entendo, pela Palavra, que Deus nos recebe em qualquer condição e nos perdoa antes mesmo de pecarmos. Eu não precisava estar limpo para me achegar a Ele, era preciso apenas me aproximar. Todavia, terminando a campanha das sete quartas-feiras, eu não voltei mais à igreja.

O pastor Hélio Macario, da igreja IBVN Chuch, Londrina-PR, ligou para minha mãe e perguntou sobre mim. Ela respondeu que depois que eu tinha ido para igreja, havia piorado. Ela não conhecia o Evangelho e não entendia a realidade espiritual que envolvia minha libertação, e como diz meu pastor: "Antes de melhorar, piora!".

A polícia estava atrás de mim quando esse pastor ligou e fez o convite para eu ir à Comunidade Terapêutica Vida Nova (CRVN), em Goiânia-GO. Minha mãe respondeu por mim, dizendo que eu iria. Claro que eu relutei quando fiquei sabendo da proposta, ainda mais porque Goiânia era um lugar quente e lá não havia conhecidos meus; Londrina era uma cidade fresca e lá eu tinha vários contatos para conseguir drogas.

No entanto, aconteceram dois fatos importantes naquela época. Primeiro, eu tinha uma vizinha evangélica que morava em um barraco de apenas um cômodo e que sempre abria suas portas para que eu me escondesse da polícia e dos traficantes. Era engraçado, pois ela me obrigava a ler a Bíblia em troca do esconderijo, e em voz alta, para ela saber que eu estava lendo de verdade, e não enrolando. Daquelas leituras, algo que ficou gravado na minha mente foi o fato de alguns personagens bíblicos rasgarem suas roupas em sinal de tristeza.

O segundo episódio aconteceu quando eu cedi a minha casa para algumas prostitutas e traficantes usarem, em troca de drogas. Às cinco horas da madrugada, após muita bagunça, eles foram embora e não cumpriram a parte deles no acordo. Muito decepcionado com aquela situação, fui dormir e só acordei às três da tarde daquele dia.

Quando abri a porta de casa, notei que, até o portão, havia muito sangue no chão. Fiquei apavorado pensando que eles tinham esfaqueado alguém na madrugada anterior. Continuei andando e vi meu cachorro, um pastor alemão muito dócil criado com a minha filha, com o rabo decepado. Aquilo doeu como um golpe no peito, pois eu não tinha dinheiro para ajudá-lo e nem condições de levá-lo a um veterinário.

Entrei no banheiro, liguei o chuveiro e rasguei minhas roupas como um clamor a Deus. Supliquei por ajuda divina, na certeza de que Ele não tinha nenhum motivo para me aceitar, porque eu não tinha nada de bom para oferecer. Mas creio que aquele momento marcou o início do meu processo de transformação.

Deus, em sua infinita misericórdia, enviou à minha cidade o irmão ex-alcóolatra do pastor Hélio, a fim de insistir comigo sobre a minha ida para Goiânia. Obstinando, fui a um culto encontrar-me com ele, pensando no que venderia no dia seguinte para conseguir mais drogas. Não me lembro de nada que o pastor pregou naquela noite.

No final do culto, falei para Deus: "Se o Senhor quer que eu vá mesmo para Goiânia, fale comigo agora!". Com uma Bíblia pequena nas mãos, fechei os olhos, abri em uma página aleatória e li o primeiro verso que apareceu diante dos meus olhos:

> *Ora, o Senhor disse a Abrão: Sai-te da tua terra, da tua parentela e da casa de teu pai para a terra que eu te mostrarei. E far-te-ei uma grande nação, e abençoar-te-ei e engrandecerei o teu nome; e tu será uma bênção.*
> *Gênesis 12.1-2*

Essa palavra se tornou viva dentro de mim e eu tive fé que Deus estava falando comigo. Em uma semana, eu já estava organizando minhas coisas para a viagem. No entanto, não tive forças para cumprir com a minha palavra, pois resolvi "despedir-me" das drogas. Com essa desculpa, passei três dias fumando sem parar e vendi tudo que tinha para conseguir fumar mais.

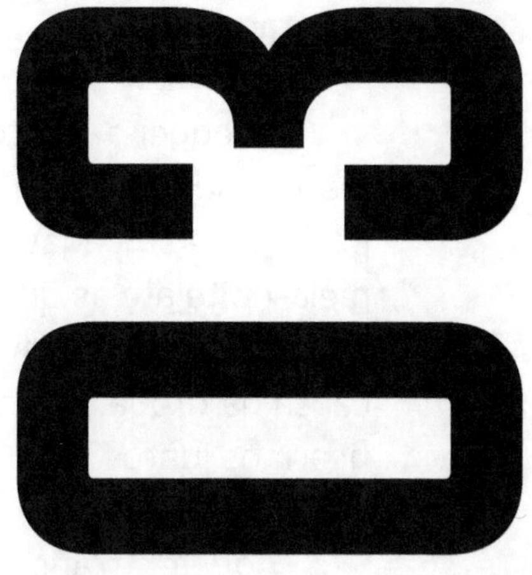

NEGOCIAÇÕES
PERIGOSAS

Eu tinha um barracão para dormir, mas preferia ficar nas ruas, pois achava mais fácil para sustentar meu vício. Eu amanhecia nos bancos das praças, terrenos baldios, pontos de ônibus e nos "mocós" (lugar onde os usuários usam drogas em grupo; geralmente é só um quarto sujo e apertado).

Cheguei a ponto de ir até um traficante na madrugada e pedir que ele me fornecesse a droga para que eu a pagasse depois. Fiquei insistindo da meia-noite até às quatro horas da manhã, até que uma moça que estava o esperando, também por causa da droga, disse: "Dá a ele esse negócio para ficarmos juntos logo!".

Aquele traficante me deu uma pedra de R$ 5,00 e exigiu que, no dia seguinte, eu a pagasse por R$ 30,00. A realidade é que muitos usuários morrem por aceitarem uma negociação tão desleal. Os mais fortes se aproveitam do desespero dos mais fracos, sem nenhum tipo remorso. No meu caso, eu pesava 52 quilos, estava fraco, sujo e sem trocar de roupas há algum tempo. Talvez, a maioria das pessoas teria pena de mim naquele momento.

Recorri a minha mãe para pagar aquele traficante. Eu já havia roubado da casa dela alguns itens – arroz, feijão, dois litros de óleo e uma carne que ela tinha no congelador – e vendido tudo por R$ 5,00 em outra ocasião. Aquelas eram as compras que ela havia feito para passar o mês. Contar sobre isso me dói muito, mas, naquele tempo, eu não tinha consciência e nem mesmo decência. Só Deus mesmo para amar e aceitar alguém tão desprezível como eu era.

Minha mãe, me conhecendo, sabia que não podia colocar dinheiro na minha mão. Ela então entregou a quantia ao meu irmão caçula e perguntou a quem eu estava devendo. Eu contei, mas combinei um plano com meu irmão – ele passaria ao traficante R$ 10,00, ficaria com R$10,00 e eu com os outros R$10,00. Peguei meus R$10,00 e fui comprar drogas. À noite, quando encontrei meu irmão, ele havia gastado todo dinheiro e não havia passado nada ao traficante.

Sugeri que ele me entregasse minha moto velha para que eu penhorasse com o traficante, mas ele não quis, o que gerou uma briga entre nós e ele acabou me agredindo. Minha mãe interveio na confusão e, chorando, me deu mais R$10,00 para pagar a dívida. Com esse dinheiro, paguei o que devia, e com os R$ 2,00 que sobraram do que meu irmão tinha gastado, fui para o boteco me embriagar.

O ladrão não vem senão a roubar, a matar e a destruir. Eu vim para que tenham vida e a tenham com abundância.

João 10.10

Aquela briga com meu irmão foi um incentivo para que eu quisesse ir à Goiânia. Organizei minhas coisas e, três dias antes da viagem, fiquei sem dormir e sem tomar banho. Um dia antes, fui à casa de um amigo "despedir" novamente das drogas; adormeci no pequeno barraco dele e quando acordei, descobri que ele estava tentando me matar, por estar extremamente atormentando e drogado. Não sei exatamente o que se passou enquanto eu dormia, mas sei que o Senhor me concedeu outro livramento.

> *O anjo do Senhor acampa-se ao redor dos que o temem, e os livra.*
>
> *Salmos 34.7*

Pela manhã, Deus enviou o Rodrigo para me socorrer (aquele rapaz do meu antigo emprego, que me convidava para ir à igreja). Ele chegou àquela casa junto com a minha mãe no momento em que eu havia acabado de usar crack. Fiquei constrangido e assustado com a presença deles ali, devido ao meu estado deplorável. Rodrigo era um rapaz cheio do Espírito Santo e isso me causava sentimentos estranhos, medos, tremores.

— Você vai hoje para Goiânia? — perguntou ele.

Respondi:

— Só mais tarde. Vou ficar um pouco mais aqui.

Rodrigo estava de cabeça baixa e com os olhos fechados; ele orava por mim, repreendendo tudo que me impedia de fazer aquela viagem. Perguntei se ele tinha dinheiro para eu ir ao boteco beber e saí andando em direção ao bar. Eram apenas 8 horas da manhã.

Assim que cheguei lá, não tive coragem para pedir pinga e pedi refrigerante. Ele estava atrás de mim e tinha algo nele (Deus) que me fazia sentir envergonhado por tudo aquilo. O Pr. Hélio apareceu enquanto bebíamos o refrigerante e me obrigou a ir para sua casa e permanecer lá até o horário da viagem.

Eu já estava tão fraco mental e fisicamente, que já não tinha forças para decidir por mim mesmo. Entendo que se Deus não tivesse colocado esses dois homens incansáveis no meu caminho, eu jamais teria iniciativa para tomar essa decisão sozinho.

Na rodoviária, minha mãe deu R$ 20,00

ao irmão do Pr. Hélio para que ele comprasse comida para mim na estrada. Eu, sabendo daquele dinheiro, argumentei com ele para que comprasse cerveja. Mas ele sabia como era a vida de um viciado e foi muito sábio comigo; com um semblante sério, ele disse: "Você nunca mais vai beber em nome de Jesus!".

ESPERANÇA
À VISTA

Cheguei à Goiânia no dia 27 de setembro de 2009, em um domingo ensolarado. Fomos direto para a Escola Dominical da IBVN Church e, em seguida, para o centro de recuperação, onde fiquei impressionado logo no primeiro momento com a fartura de comida que nos esperava. Como foi bom sentir aquele cheiro agradável dos alimentos e ainda poder encher o prato o quanto eu quisesse! Já havia algum tempo que meu estômago não recebia comida de verdade.

Comecei a participar dos cultos e das atividades da casa, mas ainda estava totalmente "cru" a respeito das coisas espirituais. Recordo-me que, em um culto, ouvi um testemunho pessoal de um pregador que não gostei. Fiquei irado com aquela palavra e contaminei a todos os internos, que tinham o mesmo nível de conhecimento que eu, e embarcaram comigo naquela murmuração sem fim. "Ahhh se eu tivesse ouvido, teria descido aquele pregador nos tapas do altar", comentava alguns.

Mas, havia um jovem que me chamou atenção, pois ficou calado o tempo todo enquanto reclamávamos da ministração. Então, para ter o apoio de todos, fui atrás dele com aquela contaminação. Enquanto ele estava subindo as escadas para o quarto, eu lhe perguntei:

— Felipe, o que você achou do que o pastor falou no púlpito?

Ele parou, olhou dentro dos meus olhos e disse:

— Temos que ir para igreja com dois bolsos, um bom e o outro furado. O que o pastor disser e servir para mim, eu coloco no bolso bom, o que não servir, eu ponho no bolso furado. Outra coisa, a Palavra de Deus diz para não tocarmos nos ungidos Dele.

Quanta sabedoria em sua simplicidade! Comecei a "seguir" aquele rapaz, observando suas atitudes e modo de conversar, que eram muito diferentes de todos os outros. Ele sempre andava com uma Bíblia e um dicionário bíblico debaixo do braço e quando perguntei o porquê daquilo, ele respondeu que gostava de estudar com calma a Palavra de Deus e me convidou para estudarmos juntos. Foi através dele que comecei a orar na madrugada em busca de uma cura completa.

Após três meses ali dentro, recebi a oportunidade para ser motorista da comunidade terapêutica e, com quatro meses, comecei a receber "auxílio-doença". Com isso, pude assumir os meus gastos na clínica e também enviar o dinheiro da pensão alimentícia para minha filha. Com seis meses, tomei a melhor decisão da minha vida – descer as águas e confessar Jesus como meu Salvador e Senhor.

Com sete meses, já estava em reinserção social (programa terapêutico onde o interno pode sair e encontrar seus familiares). Andando pelas ruas de Goiânia, comecei a ver alguns ônibus enormes e fiquei muito desejoso de dirigir um daqueles. Mas, o Senhor tinha outros planos para mim. Após oito meses, recebi o convite para trabalhar efetivamente no centro de recuperação, todavia, meu coração ainda estava no Paraná, pois eu sentia que havia assuntos inacabados para resolver lá.

O retorno ao passado

Chegando à Londrina, vi um cenário totalmente desanimador – minha mãe estava fumando, meu pai bebendo, meu irmão do meio com o olho roxo e braço quebrado por causa de brigas em bar, meu irmão caçula viciado em crack e minha ex-companheira já estava com outra pessoa há seis meses.

Percebi que ali não era mais o meu lugar e que não estava pronto para ficar e suportar tudo aquilo sem "cair" novamente. Tenho visto constantemente muitas pessoas saírem da clínica totalmente recuperadas e, quando voltam às origens, retornam para a velha vida de maneira ainda mais intensa.

Fui visitar minha filha e o Espírito Santo me levou a orar no quarto dela. Ali tranquei a porta, ajoelhei-me ao lado da cama e pedi perdão a Deus por todos os meus pecados. Naquele instante, fiquei convicto de que Deus tinha um propósito para realizar no meio dos meus familiares. Desde então, assumi a responsabilidade de cobrir suas vidas com orações e jejuns.

Entendi também que, para que o propósito se cumprisse, eu precisaria regressar à clínica e aprender mais sobre esse amor incondicional de Deus, caso quisesse ajudá-los de fato. Então, voltei para Goiânia diferente, com o coração aberto para cuidar de todos aqueles que se colocassem em meu caminho, da mesma forma que eu estava sendo cuidado.

Com 33 anos de idade, eu finalmente estava vivendo um momento diferente na minha história, escrito primorosamente pelo dedo de Deus.

GANHOS
E
PERDAS

Algum tempo depois, eu conheci uma linda mulher virtuosa, a Cláudia, que despertou em mim os mais nobre e puros sentimentos quando a vi pregar pela primeira vez, com sua voz firme e amor sem igual por Jesus. Não demorou muito para nos conhecermos e começarmos a orar. E claro, houve muita resistência e preconceito, mas não culpo ninguém por não conseguir vislumbrar o que o Senhor tinha preparado para nós.

Nosso casamento não era somente para construirmos uma família, mas para crescermos ministerialmente e revelarmos o amor de Jesus por sua noiva – a Igreja. Tudo aconteceu de forma milagrosa e a boa mão do Senhor nos concedeu o suficiente para começarmos uma vida juntos.

O que acha uma mulher acha uma coisa boa e alcançou a benevolência do Senhor.
Provérbios 18.22

No início do casamento, íamos para a igreja com muita dificuldade em uma moto pequena, carregando violão, pandeiro, instrumento de percussão e nossas bíblias. Mas tínhamos alegria por saber que aquela era apenas uma dificuldade momentânea.

Certo dia, chegando em casa, encontrei um casal de irmãos pedindo ajuda, declarando que tinham uma dívida de R$ 600,00, além de um bebê recém-nascido para cuidar. Compadeci-me deles e resolvi ajudá-los, pois havia recebido um benefício do governo com o valor exato que eles precisavam.

Falei com a Cláudia e combinamos de ajudar com a metade do valor. Fui ao caixa eletrônico, saquei o valor determinado e segui para fazer a entrega. Na saída do banco, o Espírito Santo me constrangeu, falando fortemente ao meu coração: "Oferte todo o dinheiro".

Sem titubear, voltei ao caixa eletrônico e retirei o restante. A Cláudia ficou temerosa, mas disse que se aquela decisão tivesse vindo de Deus mesmo, Ele iria nos suprir. E supriu mesmo! Dois dias depois, um homem de Deus nos chamou em sua casa e disse que nos abençoaria com a quantia de 6 mil reais! Depois desse dia, compramos o nosso carro e demos entrada na nossa casa.

Viagem sem retorno

Depois de muito tempo na casa de recuperação, totalmente restabelecido, me senti culpado pela situação do meu irmão caçula, pois eu acreditava que ele tinha sido influenciado por mim a seguir o caminho das drogas. Após eu sair do Paraná, ele foi ficando cada vez mais dependente.

Em 2014, ele me pediu para ficar na nossa casa em Goiânia. Prontamente aceitei recebê-lo, pois aquela era uma chance de consertar os meus erros do passado, dando-lhe uma oportunidade de reabilitação. Ele tinha sua companheira e três filhos, sendo que ela estava grávida pela quarta vez. Realmente ele precisava de ajuda.

Ele se internou, mas só conseguiu ficar cerca de 20 dias na clínica. Infelizmente, ele disse que precisava voltar e trabalhar para cuidar da família. Ele preferiu o caminho da desistência e, em janeiro de 2015, teve uma overdose de cocaína e uma parada respiratória. Meu amado irmão veio a óbito com apenas 27 anos de idade, deixando quatro filhos menores e muitos sonhos interrompidos pelo vício.

Após minha conversão, minha família se tornou meu principal alvo de oração, mas, a morte do meu irmão foi um choque grande e uma dose de desânimo. Eu sabia que precisava perseverar fiel nas intercessões, pois nosso testemunho familiar não estava perdido; tudo estava no controle Daquele que tem todo o poder em suas mãos.

Hoje, tenho a alegria de visitar minha família no Paraná e fazer diversos cultos familiares, onde compartilho tudo que o Senhor é, e tem feito por mim. Minha mãe já recebeu Jesus em seu coração e meu pai está frequentando a igreja evangélica. Há muitos tios e primos que também se converteram e amigos que foram para Jesus por causa do meu testemunho. Porém, eu sei que tem muito mais para acontecer!

RELATOS QUE INSPIRAM

Nessa jornada, muitas pessoas cruzam o nosso caminho, algumas com bons e outras com maus testemunhos. Umas conseguem lidar com suas lutas pessoais e vencer, outras abandonam sua fé. Vejo-me como um privilegiado por estar no meio daqueles que perseveraram. A Pra. Nilce Sousa tem uma frase que diz: "Aprenda a aprender". Tenho feito dela uma verdade na minha vida.

Precisamos ter o coração pronto a aprender com as experiências dos outros. Por isso, vou relatar aqui alguns fatos que marcaram minha jornada de fé. Os nomes serão omitidos porque minha intenção não é expor ninguém, mas apenas demonstrar que é possível superar!

Surto no bar

Ele chegou ao centro de recuperação com 18 facadas, sendo que uma era acima do coração. Isso porque, ao chegar em frente a um bar em Goiânia, ele surtou. Pegou uma bicicleta aleatória, levantou-a para cima e a jogou com toda força no chão. Aquela atitude irracional suscitou a ira dos homens que estavam naquele local e eles avançaram naquele rapaz com facas.

Após sair do hospital e se recuperar, foi direto para uma praça, onde a pastora Eleusa Nascimento, fundadora da nossa igreja e da clínica, o viu naquela situação e o convidou para ficar um tempo na instituição. Ela já o conhecia pessoalmente e ao vê-lo daquela maneira, seu coração se compadeceu. Ele era desviado da igreja e conhecedor da Palavra de Deus.

Ele chegou ao CRVN muito debilitado, mas sua recuperação aconteceu de maneira inacreditável. Ele se fortaleceu não somente no corpo, mas espiritualmente também; voltou para os caminhos do Senhor e hoje é um obreiro de valor.

O inferno é real

Este não é um relato exatamente sobre superação, no entanto, ilustra bem a realidade espiritual que um dependente químico está envolvido.

Recebemos na comunidade terapêutica um pastor voluntário que trabalhava com libertação de maneira sobrenatural. Ele pediu para nós, os líderes, jejuarmos uma vez por semana e disse que consagraria uma água para o momento de oração com os internos. Fizemos conforme sua orientação e, quando ele chegou com a água consagrada, solicitou que fizéssemos uma fila.

Ele derramou água em nós e perguntou se alguém havia sentido alguma coisa. Dois jovens falaram que se sentiram mal, os quais foram levados até a capela (lugar de oração e cultos). Ali receberam oração, mas um deles ficou com o olho totalmente vermelho.

Levei um susto com a mudança nos olhos daquele rapaz e o pastor me acalmou, pedindo para não dar ênfase naquilo. Foi minha primeira experiência espiritual daquele nível e percebi que há um mundo invisível tão real quanto o mundo palpável.

Ronda policial

Ele nasceu em uma família pobre na cidade de Anápolis-GO, onde seus pais usavam drogas e traficavam. Aos 16 anos, conheceu o cigarro e passou a fumar. Depois de algum tempo, experimentou a maconha, que foi a porta de entrada para drogas mais pesadas.

Sua mãe passou a viver nas ruas pedindo dinheiro para sustentar o vício. Para tirá-la daquela situação, aos 17 anos de idade, começou também a traficar. Tornou-se uma pessoa respeitada entre os maiores criminosos da região, mas, devido ao uso constante, contraiu muitas dívidas. Aos 18 anos, foi detido por seis meses por causa dos assaltos que praticava.

Quando saiu da prisão, teve um desentendimento com o seu pai, onde esse, sob efeito de drogas, o esfaqueou. A polícia voltou a persegui-lo, até que ele resolveu apenas consumir a droga e abandonar o tráfico. Mas seu pai continuou fazendo da casa da família um ponto de venda de entorpecentes e, em uma das visitas policiais, aquele senhor foi baleado.

Depois desse acontecimento, o rapaz resolveu buscar uma mudança de vida. Internou-se no CRVN e levou seus pais para outra comunidade terapêutica. No dia 7 de novembro de 2018, ele concluiu seu período de internação de nove meses, agradecido e curado!

Sono atormentado

No início do meu processo de libertação, passei por uma experiência que marcou a trajetória do meu ministério. Lembro-me que, ao deitar uma noite após o toque de recolher, adormeci e senti alguém puxando a minha coberta. Assustado, levantei rapidamente para ver quem era e não vi ninguém. Foi muito difícil voltar a dormir novamente, pois não entendia o que estava acontecendo.

Na outra noite, no mesmo horário, senti a cama balançar, e gritei: "Que brincadeira é essa?". Não vi ninguém e voltei a dormir. Fui acordado novamente com uma puxada no pé. Fiquei com muito medo e resolvi descer para a parte debaixo do beliche, que estava vazia. Na terceira noite, fui acordado novamente com o balanço da cama e automaticamente me ajeitei para descer.

No quarto dia pela manhã, chamei um obreiro e contei sobre as três noites que não dormia bem e ele me ensinou algo que levo para a vida: "Ore a palavra!".

Em paz também me deitarei e dormirei, porque só tu, Senhor, me fazes habitar em segurança.

Salmos 4.8

Assim o fiz em voz alta e nunca mais fui afrontado por satanás daquela maneira. Ensinei a muitos ali dentro a orarem na madrugada e a guerrearem, sem medo, contra o reino das trevas. Nas minhas idas à capela, já tarde da noite para interceder, tive outras três experiências que impactaram a minha caminhada de libertação.

Em uma delas, eu estava ajoelhado e o Espírito Santo falou com voz audível: "Levanta!". Olhei para os lados e vi uma aranha caranguejeira vindo em minha direção. Em outra noite, aconteceu a mesma coisa, mas dessa vez, era uma lacraia enorme e venenosa perto de mim. Em uma terceira situação, me levantei na madrugada para orar e vi um anjo. Ele tinha uns cinco metros de altura e era como se estivesse esperando que eu levantasse para orar.

Quando eu o vi, levei um susto, mas senti paz de uma maneira sobrenatural. Ele me acompanhou até entrar na capela e depois eu não o vi mais. Tive convicção que o Senhor estava entre nós, esperando que falássemos com Ele sobre nossos anseios, dificuldades e medos. Ele estava sinalizando que podíamos contar com sua presença durante todo o processo de libertação e até o fim dos nossos dias.

... E eis que estou convosco todos os dias, até à consumação dos séculos.
Mateus 28.20

Oferta sincera

Em um dos cultos no CRVN, ouvi o pregador ministrar sobre dízimos e ofertas. Eu tinha muita vontade de contribuir, mas os internos não tinham acesso a nenhum dinheiro que porventura eles viessem a receber.

Então, peguei um papel e escrevi: "Deus, eu entrego a Ti a minha voz". Dobrei e o coloquei no gasofilácio. Hoje, minha adoração tem impactado muitas vidas e as minhas palavras têm servido de consolo para muitos que se encontram em conflito dentro da nossa comunidade terapêutica.

Além disso, como muitos acolhidos vêm do sistema prisional, Deus acendeu uma chama em meu coração para fazer um trabalho de evangelismo dentro da penitenciária. Com a benção dos meus líderes e do meu amigo e parceiro, Pr. Gregório Ribeiro, fiz o curso de Evangelista pela IBVN Church e de Voluntariado pela OVG (Organização das Voluntárias de Goiás).

Hoje, tenho prazer em levar a Palavra de Deus para aquelas vidas que se encontram em um emaranhado de pecados, traumas e feridas. Muitos são os testemunhos de homens que se converteram e hoje estão no ministério fazendo a obra de Deus.

ÚLTIMOS CONSELHOS

Como seria bom se todos os adolescentes, jovens e adultos nunca experimentassem o vício, se todos os pais ensinassem o caminho certo para seus filhos e se as famílias vivessem no respeito e temor a Deus. Mas, infelizmente, para mim foi preciso viver muitas coisas ruins para que eu me convertesse ao Evangelho.

Não sei qual é a sua história, se é pior ou melhor do que a minha. Apenas sei que ela é importante para seu testemunho e para as vidas que Deus colocará em seu caminho. Somos filhos diferentes, com histórias diferentes. Não existem filhos mais ou menos amados pelo Pai. Mas existem filhos com propósitos distintos para realizar grandes obras pelo poder de Deus.

Não fui eu que escolhi a Deus, Ele me escolheu, e este livro está em suas mãos pelo fato de que Ele nunca desistiu de mim. Ele também não desiste de você e tem um plano perfeito para realizar através de sua vida.

Você também pode ser um improvável que vai experimentar grandes coisas em Deus. Por mais difícil que seja, lembre-se que você é livre para retroceder, mas, o amor Dele pela sua vida é suficiente para lhe manter firme.

Enxugue suas lágrimas, passe por cima do orgulho, se perdoe e recomece quantas vezes precisar. Seus erros e falhas do passado são para lhe ajudar a ver os caminhos que não se deve andar.

Espero ter conseguido ajudá-lo de alguma forma. O Autor deste livro e da minha história, o Espírito Santo, está disponível para reescrever um novo livro sobre a sua vida também. Creia apenas!

Eu levo a sério o Evangelho
Jesus me deu tudo que prometeu
Na vida, é o melhor
Eu não tinha felicidade, eu não tinha alegria
Mas na vida nova eu encontrei a paz que eu queria
Eu não tinha felicidade, eu não tinha alegria
Mas na vida nova encontrei a paz que eu não tinha

Letra da música "Eu levo a sério o Evangelho", de Marcos Mendes

9 788855 705056 3